eof

FSC
www.fsc.org
MIX
Papier aus verantwortungsvollen Quellen
Paper from responsible sources
FSC® C105338

Hans Børli (1918-1989), lebte in Südostnorwegen. Arbeit als Holzfäller und Dichter.

Klaus Anders, geb. 1952, lebt in Neuwied. Dichter und Übersetzer u.a. von Olav H. Hauge.

Hans Børli

Der Wind schaut nicht auf die Wegweiser

Ausgewählte Gedichte

Aus dem Norwegischen
von Klaus Anders

edition offenes feld

Verlag und Übersetzer danken
für die freundliche Unterstützung durch
NORLA.

http://www.offenesfeld.de
Grundlage der Übersetzungen ist die Ausgabe:
Hans Børlis beste dikt, H. Aschehoug & Co., Oslo 2006

Coverbild: Peder Balke, *Nordlys over fire menn i robåt* (1887), Ausschnitt
Layout & Satz: Studio Z16
Herstellung und Verlag: BoD - Books on Demand, Norderstedt
ISBN: 9783739215440

Wind im Wollgras

Das Leben ist nicht immer
ein atemloser Wettlauf mit dem Tod.

Das Leben besteht nicht nur
aus zehntausend mühsamen Schritten
auf kleine Ziele hin.

Nein, das Leben ist reich genug, um
nur Wind zu sein im Wollgras –

Das Leben ist reich genug, um
die Stunden und das Brot und den Tod zu vergessen.

Doch all diese Fleißigen –
mit Lohntüten und Armbanduhren
und Eßzimmern in heller Birke ...?
Sie sind so gierig auf jede Minute.

Der Ruf der Herzen ertrinkt
im Lärm von Stempeln und Stahl.

Doch das Wollgras säuselt im Südwind
den einfachen Gesang,
an den die Herzen in Maschinenhallen sich erinnern.

Und einsame Vögel
segeln in der Sonne,
segeln in der Sonne und schreien – –

Einsam sind wir

Einsam sind wir
wie der Wind einsam ist.

Du triffst deinen Bruder unterwegs.
Er hat andere Ziele.
Siehst du Kummer in seinen Augen,
zählst du deine Freuden.

Auf tausend Wegweiser-Galgen
liest du Ort und Weg.
– Niemals kreuzt du die Grenze
zwischen *Dir* und *Mir*.

Einsam sind wir, – selbst in der Umarmung
flüsterst du nur deinen eigenen Namen.

Schnee

Tiefschnee ist
ein weißer Fluch
auf dem Forstmann.

Er macht ihm die Tage schwer,
die Nächte unruhig.

Stell dir vor:
anderthalb Meter oder mehr
muß er sich einschaufeln,
bis Preiselbeerkraut und Moos
ihn vom versunkenen Sommer grüßen.

Und dort –
gebückt auf dem Grund des Winters –
fällt er die große Fichte,
während Schnee von den Ästen sich
auf ihn stürzt
wie weißer Gischt.

Und später:
im Schneemeer weiter schwimmen
bis zum nächsten Baum,
auf dem Willen
zehntausend verfluchte Schneemeilen treiben
bis an die Küsten des Frühlings.

Und die Zeitungen schreiben:
„Trotz allem läuft es in diesem Winter
mit der Holzgewinnung nicht schlecht."
Und Komiteemitglieder im Schlips
diskutieren eine Erschwerniszulage von 15%,
„die aber Unordnung in
den Staatshaushalt bringen könnte – "

– – –

Dichter,
schreib nicht so schön vom
fallenden Schnee!
Du kennst ihn nicht.

Hast du bei Nacht den Flüssen gelauscht?

Hast du bei Nacht den Flüssen gelauscht?
Da reden sie von anderen Dingen.

Da rieselt ihr Lachen nicht über die Sandgründe,
singen sie nicht leise von braunen Mädchenleibern,
die am Badeplatz ausrutschen
oder von weiten Auen und Brachvogelrufen
oder von dem Mann im Sund, der in die Wolken schaut
beim Rudern.

Sie reden von anderen Dingen.
Dingen, die am Tage heimatlos sind,
Dingen, die Niemals sind und kein Wort.

Lauschst du lange den Flüssen bei Nacht,
lange,
ist es zuletzt, als erinnere sich die Seele
rätselhaft ihrer Zukunft.

Vergebens

Du fragst und fragst,
als ob es Antwort gäbe.
Doch wisse:
Du wirst auf Rätsel
ohne Sprache treffen, Verstummen
groß wie der Tod.

Vergebens heißt ein Wort.
Es schwimmt grau umher
auf dem Boden aller Rede.
Starrt mit toten
Fischaugen. Starrt

Bei den Wurzeln der Seerosen

Er sinkt
durch gebrochenes Licht
langsam
in seinen eigenen Schatten.

Nun liegt er auf dem Grund.
Das Haar webt in der Strömung,
die Hände dirigieren
eine stumme Musik.

Das Wasser
wälzt sich über ihn
Wasser
aus Mooren und sauren Senken
die Gott vergessen hat.

Er liegt bei den Wurzeln der Seerosen.
Sie wachsen an zähen Stengeln durch das Dunkel,
zünden ihre weißen Flammen
hoch oben im Licht.

Zueignung

Du bist ein Fremder. Zu seinem Grab
geht jeder seinen Pilgergang.
Doch unsere Herzen sind ein Reimpaar
in ewig ungeschriebenem Gesang.

Ich liebe dieselben Dinge wie du,
dieselben einsamen Dinge:
eine Blume am Weg – Frieden, die Sterne –
den Namen in einem zerkratzten Ring – –

Durch diese Dinge dir nah sein, Bruder!
Uns treffen wo in dem zeitlosen Licht
von tausend verschwiegenen Worten.

Ich wollte dir einen Vogel fangen

Ich wollte dir einen Vogel fangen.
Einen kleinen weißen Vogel, den
du in Händen halten kannst.
Spürst die Lebenswärme
rieseln
durch die Adern
zum Herzen.

Ich wollte dir einen Vogel fangen.
Doch ich fand eine Wolfsspur
und eine blutige Schwinge im Schnee.

Spätsommer

Die Pferde mit gesenkten Köpfen.
Sie wechseln das Standbein
und schlafen,
während die Mähnen in Stille fluten.

An der Hofmauer steht ein Spaten, grau
von Erde, die im Abendwind trocknet.
Ein Vogel läß sich auf den Handgriff nieder,
sitzt da und lauscht,
als sei die Sommernacht
voll von lautlosen Klängen.

Die Pferde schlafen.
Als träumten sie sich selbst, wie sie da stehen,
unbeweglich an die Mitternachtsstunde gelehnt.
Sie schlafen
und die Sterne kommen zu ihnen herab
und streichen über die geschlossenen Augen
mit Fingern aus Licht.

In den Juninächten

In den Juninächten
ist Dämmerung ein Licht von Auferstehung.
Wie wenn
Vögel von den Toten auferstehen
und die Luft bewegen
weich weich
mit unsichtbaren Schwingen Schwingen
deren weiße Knochen aus tausend vergessenen
Sommern im Moos verwittern.

Du stehst gebannt in dem erhebenden Rauschen.
Willst folgen, doch kannst nicht.
Die Kette spannt sich ums Fußgelenk, das Sklavengewicht
Getan und Ungetan
hält dich fest im
stummen Dunkel der Erde.

In den Juninächten
wenn alles Schwingen ist
und blau.

Ich sehe

Sonntagsstille. Schnee. Ich sehe
eine Elster in der Weide am Flußufer:
Andeutung eines Vogels
kunstvoll mit Kohle
in den hellen Winterhimmel skizziert.
Und die mädchenhaft schlanken Zweige des Baums
umklöppelt mit Reif, das Eis an den Stränden
durchbrochen von schütterem Schilf.
Und weit im Süden
der Wald
noch mit einem blanken Kielwassserstreifen Sonne
über den fernsten Höhen.

Ich sehe.
Und weiß, daß ich sehe.
So einfach ist das Glück.

Graustein

Graustein ist mein Bruder.
Ich kenne seinen Schmerz.
Die kalte, drückende Ruhe
mit Streifen gestockter Hölle.

Kein Gewicht in der Welt
ist so schwer wie das
welches der Stein spürt
wenn ein Schmetterling auf ihm verweilt
wenn der Wind sich anlehnt
und flüchtig spielt mit einem Lerchentriller.

Doch auch Graustein glaubt an Verwandlung.
Und wartet. Wartet auf
den großen Aufbruch in Schwingen und Schwerelosigkeit,
die blaue Prophetie schummernder Juninacht.

Tote Vögel

Ich habe im Wald tote Vögel gesehen. Im Herbst.
Sie liegen im Laub,
die Füße erhoben wie zum Gebet,
die gotische Linie der Flügel durchbrochen
von Wetter und Nässe. Die Brustfedern
zittern sacht im Wind,
– du hörst die Stille schneien
tief im Vogelhochland des kleinen Herzens.
Ein Licht aus der Ewigkeit fällt ein:
Dein Sinn schüttelt die Schatten ab
wie ein Baum im Mondschein draußen
in endlosen Neuschnee-Mooren.

Der Traum

Der Traum sucht Halme für das Nest,
zwitschert für sich, leise
wie die Bachstelze
auf dem Hof, wo die Katze der Herr ist.

Der Traum sieht sich wahrsam um
mit schwarzen Perlenaugen.
Schlüpft scheu in sein Versteck,
Halme im Schnabel.

Keiner darfs sehen.
Keiner darfs wissen.

Als Mutter starb

Es war eine Nacht im Mai.
Draußen vor dem Fenster standen nackte Bäume
und griffen mit knospenden Zweigen nach den Sternen.
Die Uhr zeigte 20 nach 4.
Von deinem Finger, Mutter, zog die Krankenschwester
den verschlissenen Ring
und nahm deine paar Sachen aus der Nachttischschublade.
Das ganze war so leise,
so erschreckend einfach,
als wäre der Tod ein Bote,
der bei der Tür wartete.

„Ihr müßt den Lensmann anrufen.
Und den Pfarrer.
Den Todesfall melden, meine ich ..."

Ich ging durch die grauen Korridore.
Es tropfte irgendwo aus einem Hahn,
ein Säuglingsweinen im Kreißsaal.
– Sonderbar, dachte ich. Es ist, als ob
ich plötzlich das Recht auf vieles, das mir
kostbar war, verloren hätte:
Die Wildblumen auf dem Hof daheim,
den Pfad durch das Gras, die Singdrossel,
die im Wald hinter dem Lattenzaun sang –
ja, all dieses Unaussprechliche: das *Zuhause*,
ging heute nacht verloren. Es gehörte mir nur
kraft *deiner* Liebe, Mutter.

Das war meine einzige Urkunde,
– der ungeschriebene Bürgerbrief der Häusler.
Nun verlangt die Zeit ihre Leihe zurück.
Die große Fremdheit
steht schon breitbeinig im Hof
und winkt mit dem Räumungsbescheid.

Lensmann: örtl. Polizei- und Meldebeamter

Norwegische Landschaft

Es heult bitter im Birkendickicht.
Sturm aus Nordost. Treibschnee tanzt
in Geisterpirouetten über offene Lichtung,
wo der Tag herumtorkelt
mit ausgestochenen Augen.
Aber tief in die Schneewehe –
unter der Brandung aus Weiß –
drückt sich ein Birkhuhn.
Hackt in den Schnee, blinzelt
in das Dunkel auf dem Grund des Winters.
Wartet, wartet,
unverwundbar –

Wort aus Gesang

Ein dünner Glockenklang.
Die Traumkarawanen
folgen noch uralten Routen
über den unwegsamen Kontinent des Lebens.
Kamele, – langsam, nicht zu ermüden,
ewiger Marsch dem Sonnenabgang zu –
beladen mit Seide und Pfauenfeder.
Zerbrechliche Schätze, Götterbilder aus den Tempeln
der Länder, wo die Sonne aufgeht.
Ein dünner Glockenklang
zwischen Sanddünen,
dicht über der Erde.
Während der Pilot eines Jets oben am Himmel
sein Herz donnernd
zwischen Schallmauern schickt
– und plötzlich fühlt, wie es zu Eis gefriert
in einem Hohlraum, einem Vakuum,
wo das Wort aus Gesang
das Leben noch nicht erlöst hat.

Natur

Wer der Natur in die Augen sieht,
den trifft ein kalter Blick.
Iljitsch Johannsen

Es ist lange her, daß Jahwe
seine Stimme hören ließ. Der Himmel sieht
mit derselben unzerstörbaren Ruhe
auf den Mörder wie den Ermordeten.
Unschuld, die nichts beschmutzen kann,
spinnt einen siebenfarbigen Regenbogen über
den blind stürzenden Wasserfall. Und
mit unversöhnlichen Augen starrt Granit
auf Gesichte jenseits der Herzen.

Aber all dieser Lärm? All die heiseren Rufe?
Nur die plebejischen Späße des Dienstpersonals,
das in den Säulenhallen wartet, wartet
auf die hohe Prozession.

Das Licht

Öder Abend im Wind,
als der Hahn zeitverwirrt in der Dämmerung schrie
und der Wald Dunkelheit ausblies.
Mutter im Hof,
klein, gebeugt gegen den Nordwind,
während Schneeflocken trieben wie Motten
im Lichtschein der Stallaterne.
Mit blaugefrorenen Händen schützt sie
die flackernde Flamme vor dem Wind.
Und jedesmal dasselbe Wunder: daß
sie es schaffte, das Licht
am Brennen zu halten
durch Windstöße und Schnee.

Gebet

Erspare mir das Alter, Gott!
Ich will nicht vor dem Spiegel stehen
und in den Ruinen meines Gesichts
die Träume meiner Jugend suchen. Ich will, daß
der Traum
im Flug stirbt
wie der Wildvogel in Falkenklauen, hoch
in knisternder Frostluft.

Jägertraum

Wir alle sind Jäger.
Und wie ein Wimpernschlag kurz
ist die Zeit unseres Glücks:
Ein scheuer Vogel,
durch die Kimme gesehen.

Und dann?

In Jägers Händen
die Schwere des Todes.

Sei gewiß – der Tag wird kommen,
an dem du die Kugel preist,
die ihr Ziel verfehlte. Den Flügelschlag,
der deinen Jägertraum
vor der Erfüllung rettete.

Liebesgedicht nach Frostnächten

Diese kleine Unruhe
in reifweißen Wäldern:
Ein Rehkopf
gespiegelt vom Grund
des matten Zinnlichts in der Dämmerung.

Doch der Winter hat schon abgeschlossen.
Ein Schatten von Leben
verdunkelt einen Augenblick
das Spiegelbild von Froststernen
im Nachteis.

Dann hebt das Tier den Kopf
und lauscht, wittert
rinnendes Wasser.

Verkalkt

Nicht länger
diese heftigen Stürme in der Brust,
das brausende dunkle Westwetter, das mir
Wasser in die Augen zwang
und mich das Gesicht abwenden ließ,
damit die Leute nichts merkten.
Doch jetzt - nur ein harter Ton im Herzen,
wie wenn der Klempner im Keller
mit der Rohrzange
gegen die Hauptleitung schlägt.

Am Fluß

Der Fluß im Abendlicht.
Sonnenfunken tanzen
auf geriffeltem Strom. Doch
durch meinen eigenen Schatten,
der das Sonnenlachen im Wasser aufhält,
sehe ich die Spanten eines gesunkenen Boots
im Schlamm auf dem Grund.

Gedicht

Das Gedicht ist
ein Büschel treibender Tang
ein Vogel im Rigg
draußen auf offenem Meer.

Plötzlich

Plötzlich
spürst du den Tod als
ein Zugegensein

Ein flacher Laut
doch besonders
und immer hörbar
durch den hohlen Lärm
vom Markt der Eitelkeit

Als ob ein Taubenschwarm
plötzlich von einem nassen Gesims abfällt
mitten in den dumpfen Alptraum der Großstadt

Das Rauschen großer Schwingen

Das Rauschen großer Schwingen
verliert sich im eisgrünen
Licht des Horizonts. Zurück bleibt
eine Vogelspur im Herzen: der Abdruck
von Kranichfüßen
auf gefrierenden Mooren
in der Winternachtzeit.

Eisvogel

Der Herbst kam zeitig.
Nordwind,
Schnee in den Bergen,
und alle Farben erloschen.
Doch ich habe meine Träume gehört,
wie Kinder miteinander
flüstern in der Nacht,
wie Gefangene beim Hofgang:
– Weit draußen in den Schneeweiten,
an Flüssen so tief, daß
sie niemals zufrieren,
lebt der Vogel
– der funkenblaue Eisvogel
mit Sonnenfedern auf der Brust.

Worte

Worte sind Ohnmacht. Hör nur,
wie ein Kunstverständiger
über Kunst spricht: Er steht da,
viele Bücher im Blick,
und wirft Rauchbomben
in den Tempel.

Ich glaube nicht länger an
die tiefsinnigen Worte,
die spitzfindigen Worte,
die blasiert gähnenden Worte. Ich glaube
an das Stummsein
die Haut der Hände
Berührung
Nähe
          Ich glaube,
wir müssen wieder ein Pompeji
aus Lava und Asche graben

mit den Händen.

Akropolis

Ich habe die Akropolis gesehen,
denn ich war niemals dort.

Amsel

Kurzbeinig,
schwarz wie ein Köhler,
doch der Schnabel leuchtet gelb wie
ein Sonnensplitter.

Mit diesem Schnabel
stochert die Amsel im Kuhdung,
zieht Regenwürmer aus den Löchern
unter verrottetem Laub, hackt
in den blutigen Talg
auf Schafsdärmen am Schlachttag.

Und mit demselben Schnabel singt sie
an lauen Abenden im Frühling
einen Gesang so rein und klar
wie, vom Bach gespiegelt, der Abendstern,
wie das Wort *Niemals*, wie das Licht
um Christi dorngekrönte Stirn
auf einer alten Ikone.

Das Licht in der Welt,
Lebens verzweifeltes Licht,
gesponnen aus Dunkel.

Die Freude

Die frostgebrannte Freude am Leben
sucht dich bei den Furtsteinen,
den Lagerfeuern, den Kreuzwegen,
immer –
Selbst an Sorgentagen,
selbst an den schroffen Unglückstagen
und in den marternden Stunden durchwachter Nächte
sucht dich die Freude, gepeinigt
wie ein treuer Hund,
der mit blutenden Pfoten durch den Hartschnee lief
und zwischen Eisschollen reißende Flüsse durchquerte,
um seinen Herrn zu finden.

Amsel singt im Regen

Wäre das Dunkel in mir immer
ein sprießendes Dunkel!
Wie die Kahlstellen zwischen den Schneeresten
im zeitigen Frühling: Leberblümchen,
wo die Amsel im Regen singt
und schneeschimmlige Blätter auf der Wiese
sich schütteln und rühren,
wenn Blütenknospen sich unendlich langsam
heben, schräg gegen den Wind.

An einen Freund

Wir lebten in derselben Welt. Wir waren
Freunde, wie es heißt.
Doch das Bild, mit den Jahren, mit
dem Abstand, verblich langsam.

Unsere Treffen waren so flüchtig.
Wir öffneten ängstlich
eine verschlossene Hand, und
der Vogel flog fort. Nie
brachten wir die Worte heraus. Nur
die Bosheit hob ihren verwirrten Kopf
aus dem Sumpf von Ohnmacht und Rausch. Heute Nacht
schneit es in dem Hochland zwischen uns,
und der Wind klagt im Gestrüpp,
draußen auf öden Mooren.
Freundschaft ist
Auseinandergehen
und den Abstand bevölkern
mit Schatten ungesagter Worte.

Scharten am Himmelsrand

Ich bin ein alter Baumtöter. Ich habe
über vierzig Jahre lang Bäume ermordet.
Hohe, schlanke Fichten, Reisigbirken, Kernholzkiefern,
die Nadeln blaugrün wie die Luft
an einem Harschmorgen im Frühjahr.
Ich legte sie um mit kaltem Stahl
– und hielt meine Wehmut mit einem
tabaksbraunen Holzfällergrinsen in Schach.
Heide, Gehölze und Höhen
schnitt ich frei mit Axt und Säge.
Baum um Baum, Dutzend um Dutzend,
bis die Vögel keinen Zweig mehr fanden,
um ihre Flügel auszuruhen unter den Sternen.
„Kahlschlag" heißt das in der Forstterminologie,
aus deren dürrklugen Worten
der Fach-Käfer längst Sinn
und Herzenswärme genagt hat.

Es klafft auf den Höhen nach Westen,
wo früher die Sonne ihr Gold
abends auf weiches Nadellaub legte.
Ich sehe die Lücke, wenn ich in der Stube
am Fenster stehe und lange
hinüberschaue nach Raufjellet und Hesteknatten;
– Es sieht nach dir aus! Du hast in den Himmelsrand
Scharten geschlagen ...

Pulswärmer

Sie strickte Pulswärmer für mich
aus grauem, dreifachen Wollgarn.
Pulswärmer –
ein gutes, altmodisches Winterzeug:
die Adern liegen dicht unter der Haut
auf der Innenseite des mageren Handgelenks, das Blut
kühlt ab und strömt kalt
zurück zum Herzen. Darum
strickte sie Pulswärmer für mich

zwanzig Jahre, nachdem sie
den ersten Liebesbrief geschrieben hatte.

Das kleine Licht

Das kleine Licht,
dein eigener brennender Sinn,
blendet dich:
Wer mit der Leuchte
ins Dunkel geht,
der sieht die Sterne nicht.

Antwort

Die Eintagsfliegen verbrennen ihre flüchtigen Flügel
über dem unbestechlichen Spiegel des Todes. Ein Uferläufer
lockt eindringlich leise den anderen
in den rasselnden Schilfschatten
am Waldsee. Schmale Zungen aus Riedgras
flüstern die eine, grüne Silbe
unter einem tauben Himmel. Jedes wilde
Locken, Tönen in der Dämmerung trägt
ein Schneckenhaus aus Stille auf dem Rücken.
Aller Lebewesen brennender
Wunsch nach Antwort
ist
die Antwort.

Mariae Lichtmeß im Herbst

Himmel ziehen durch die Zwergbirken
als stünde eine Tür offen in West. Alle Dinge sind berührt
von einem Flug durch den Raum: Der Vogel
erwacht auf dem Nachtsitz
und streckt die Schwungfedern in einem zitternden Fächer
über kalte Klauen, die Fichten
zerren vergeblich an ihren Wurzeln, ich selbst
stehe in meinem Körper wie
in der Tür einer Herberge.
                                        Reisefertig
schaue ich auf zur Milchstraße,
die gewaltige Schwinge aus Licht.

Hoffnung

Wenn alle Worte schweigen
und die Zähne im Frost zerspringen,
du meinst, du hast eine Handvoll
Glasscherben im Mund,
da
steht plötzlich
ein Baum in der Tür
und flüstert grün,
Schnee auf den Nadeln.

Die Dinge trauern nie

Seltsam zu denken, daß
die Birke, unter der du lagst, der du lauschtest
so manche windige Nacht,
Regen im Laub, der Pfad
über das Plateau vor dem Haus, die Gartenbank,
die du aus einem gespaltenen Kiefernstamm gezimmert hast – alle
diese kleinen Dinge um dich
werden in der Welt sein
lange
nachdem du drei Ellen Erde
auf dem Friedhof gepachtet hast ...

Und die Dinge
trauern nicht um uns.
Nicht einmal der kleine blaue Tisch
an dem du saßest und schriebst in verstohlenen Stunden
wird dich auf irgendeine Art zurückwünschen.

Wind

Es gibt große Wälder, noch.
Und weiches Gras.
Und Wind in der Welt.

Aber versuche niemals die Sprache
des Windes zu deuten;
da besudelst du ihn nur mit dir selbst.
Die Menschenwahrheit ist verflochten mit Lüge,
leg sie nicht dem Wind in den Mund.

Auch Gedichte

Auch Gedichte haben ihre Rückseite,
ihre erdige Feldseite,
wo zottig Tausendfüßler herumkriechen
zwischen weißen Ameiseneiern, und wo
ein tiefes Stummsein
das lichtscheue Gesicht
von der Sonne wegdreht.

Gerät

Arbeit ist sichtbar gemachte Liebe.
Kahlil Gibran

Ich liebe es, gutes Gerät zu gebrauchen,
bewährtes, williges Arbeitsgerät,
das in Jahrhunderten
zu seiner Form fand
und so blieb
in einem glücklichen *Ja* von Menschenhänden.
Liebe es auch, meinen Leib zu gebrauchen,
Widerstand zu fühlen, etwas Wirkliches.
(Aber komm jetzt nicht
mit dem rasselnden Papierdrachen
Wirklichkeit. Der ist nur
Das Wort, das zum Wort wurde, Logos
mit Nylonflügeln.) Ein Takt
schwingt in allen Dingen, ein Rhythmus,
in den du dich einhörst
mit Herz und Fingerkuppen.
Und hast du erst diesen Sonnenrhythmus gefunden,
dann ist es nicht länger möglich,
ganz einsam zu sein.

Seltsam

Ich sitze verwirrt
mitten im unwegsamen Wald
und schnitze an einem Wegweiser ...

Krähen

Glaub mir, ohne Krähen
wäre das Leben nicht dasselbe.
Ohne Krähen schräg im Wind
über blanker Erde nach Herbstregen.
Ohne Krähen, im Pferdemist stochernd
auf den Waldwegen über dunkelndem See-Eis im Frühling.
Ohne Krähen, die mit schwarzen Achataugen
die Menschenhäuser ausspähen, wenn es tagt. Ohne Krähen
wäre im Wind ein Hohlraum,
der Schatten eines Verlusts hinter deinen Augen.

Zum Leben gehört alles was lebt.
Und die Krähe weiß nicht, daß sie Krähe heißt.

Daheim

Eine Schwelle aus ungehobelter Planke, faserig,
zur Mitte hin abgenagt
von zehntausend schweren Schritten
mit Erde unter den Sohlen. So
steht das Wort *Daheim* für mich da,
wenn Erinnerung die Sprache
mit lebenden Schatten bevölkert.

Ein Brief von der Hypothekenbank,
hinter den rissigen Spiegel gesteckt, ein Zweig
mit frischem Birkenlaub auf dem Tisch,
in eine Bierflasche gepflanzt
am Johannisabend ...

Am Sunset Creek

Was für eine sinnlose Quälerei!
Immer nur Grus im Sichertrog,
nie ein schimmerndes Goldkorn.
Doch die Vögel schreien in der Dämmerung, dünn
wie der Schatten eines Halms, das Wasser
wandert singend vorbei
unter dem hohen Licht des Himmels. Und
noch steht der Traum hinter dir,
lächelt rätselhaft
jedes Mal, wenn du wieder
eine Pfanne voll Kies und Steinen
am Ufer des Sunset Creek ausleerst
mitten in deinem inneren Alaska.

Ganz einsam war ich nie

Ganz einsam war ich nie, trotz allem.
Die Sterne am Himmel waren meine Schwestern,
Wind ein alter Freund
aus Barfußsommern der Kindheit
an den Wildblumenhängen am Børensee.
Ich erlebte Tage der Freundschaft mit Dingen
voller Nähe und Frieden, Tage,
da das Antlitz unten in der Quelle lächelte,
das mein eigenes war.
Und nun, nun habe ich lang genug gelebt, um
den Tod in meinen Adern singen zu hören.
Er ist wie ein großer Frieden,
ein Versprechen, einmal auf Kontinenten
tief im Vogelgesang zu wohnen.

Sehnsucht

Die Sehnsucht folgte mir stets,
ich hatte sie immer um den Kopf
wie eine kalte Frühlingswolke.
Sie war aufsteigend Flügelschlag im Nebel
und Echo in Wäldern,
wo niemand rief.
Und Glanz von eingeschneitem Leben,
wie wenn du plötzlich Bulte
von grünem Preiselbeerlaub siehst
auf dem Grund einer tiefen Elchspur
in Schneewehen mitten im Winter.

In den Stunden nach Mitternacht

In den Stunden nach Mitternacht
tut es nicht gut, dem Wind zu lauschen.
Er ist dann kein *Wind* mehr, er ist
die Erde, die durch den Raum treibt,
hoffnungslose Unendlichkeit des Kreises. Du hörst
Kontinente in der Weltnacht flüstern, das Knirschen
der Nabe des großen Laufrads: Wälder
Weltstädte Menschenherzen grasgrau
auf der rastlosen Wanderung durch die magischen Zeichen
des Tierkreises. Ohne etwas anderes zu finden
als Leere, Gottes verlassene Rastplätze, Erdschatten
zierlich eingeritzt
in die Mondscheibe aus oxydiertem Silber.

Stärke und Schwäche

Stärke –
die wirkliche Schwäche –
hält in ihrer Hand einen Stecken,
der heißt Schwäche.
Den Tag, an dem die Stärke vergißt,
sich auf diesen dünnen Weidenstab zu stützen,
da stolpert sie über einen Spinnenfaden
und bricht sich den Schenkelhals.

Ein Wort an mich selbst

1.

Danke deiner Schwerfälligkeit dafür, daß
trotz allem Flug und Höhe
in dein fußwundes Flachlandleben kam.
Ein Reh ist so leicht und graziös,
es träumt niemals von Flügeln.
Und ebensowenig dichtete ein Vogel einen Gesang
von Sternen und Wind.
Da ist was, das heißt Sehnsucht.
Und *das* ist dein Erbteil.
Es ist die Sehnsucht, die
im Sonnenabgang auf den Berg
eine Feuerschwinge setzt.

2.

Du mußt lernen zu warten.
Du mußt deine Winter ertragen,
auf deinem Posten bleiben bei den Lebenden,
selbst wenn das Leben in dir klein und schwarz ist
wie der Floh auf dem Februarschnee.
Glaubst du, das Leberblümchen lächelte
so strahlend blau, wenn im Frühling der Saft steigt,
hätte nicht seine Wurzel für so
lange Monate
in Grund und Dunkel gewohnt
mit dem Tod als Hauswirt?

Der Dichter

Er ist der gefallene Engel.
Er sitzt mit versengten Flügeln in der Hölle
und schreibt einen Brief an jemand, den er einst kannte.

Im Himmel.

Sucht mühevoll nach Worten,
zaudert und murmelt und streicht aus,
denn er kennt die Sprache
der Schuldlosen nicht mehr so gut.

Winterbild

Du wirst langsam alt.
Bist besser abgehärtet gegen alles.
Zugleich schwieriger. Die Wunden
bluten nicht mehr, brennen nicht,
doch der Schmerz hat den tauben Knochengeschmack
von Kältebrand angenommen.

Das Herz spürt sich zeitweise kalt in der Brust, hartgefroren
wie ein Stück Beute,
das ein Aasvogel beim Flug
in großer Höhe verlor,
in den Schnee fallen ließ.

Ihr sollt mich nie vergessen

Ihr sollt mich nie vergessen. Ich hab
meinen Namen an den Himmelsrand geschrieben
mit der Spitze eines Hasenzahns,
getaucht in Wolfsblut. Ich hab
den Wind meine leisen Worte gelehrt,
den Nachtwind, der flüsternd um die Häuser streicht
mit dem Geruch von Gras in den Händen,
im spröden Licht der Sommernächte,
wenn die Herzen erwachen.

Stumm

1.

Schnee steht in einem Gedicht.
Ein schwarzes Wort.
Druckerschwärze:
SCHNEE

So unmöglich ist es.

2.

Du kommst immer an einen Punkt,
wo sich die Sprache vor dir verschattet.
Du mußt die Worte beiseite räumen,
um das besser sehen zu können,
was du unmöglich aussagen kannst.

Der Ausdruck ruft stumm
aus der Haut deiner Handflächen.

Der Tag ist ein Brief

Die Löcher im Weg durch das Fichtendickicht
zum Briefkasten an der Hauptstraße
liegen nie unberührt, sind immer offen:
All der Schnee, zusammengedrückt
von geriffelten Gummistiefelsohlen, all die Schatten,
zerschlissen wie ein Flickenteppich, jedes
Segel aus nachtfrischem Spinngeweb
zerfetzt –
Noch wartest du.
Auf was – ?
Der Tag ist ein Brief,
der nie ankommt.

Nicht einmal der Nordwind

Als kleiner Junge
schrieb ich oft Buchstaben
in den Schnee, die Mutter mich gelehrt hatte.
Selbst dann, wenn es blies und brauste,
daß die Runen zugeweht wurden,
nachdem der froststeife Zeigefinger
sie mühsam eingeritzt hatte,
blieb doch ein Glück mit strahlenden Augen in mir
und lächelte trotzig in den düsteren Tag:
– Das kann dir keiner nehmen!
Nicht einmal der Nordwind ...

Worte werden alt

Worte werden alt.
Ismen werden alt.
Dichter werden alt.
Doch das Tröpfeln vom Dach
früh an den Hundstagen,
der Ton ist immer derselbe.
Und die Blüten des Feuerkrauts.
Und der blaue Spiegel
auf dem Flügel des Eichelhähers –

Schatten einer Felsschwalbe

Der Schatten einer Felsschwalbe
blitzt schwarz
über den sommerlichen Feldern.
Streift mit seinem Flügelkreuz
die tote Schnecke auf dem Weg.

All das, wovon du glaubst, es sei Alles

Das Fleisch, die Materie, die Dinge –
all das wovon du glaubst es sei
Alles
ist nur Asche
warme Weißasche
die des Geistes Feuer
lebendig hält
in der kurzen Nacht
zwischen zwei Ewigkeiten aus
unfaßbarem Licht.

Die Zukunft

Die Zukunft –
eine Unruhe in uns,
eine langbeinige Angst
wie der Schatten eines Wolfs auf verharschtem Schnee
im Morgengrauen.

Ode an ein Elch-Steak

Elch-Steak –
notdürftig gegrillt über dem Ringloch
im Herd der Waldkate.
Grobfaseriges Fleisch aus der Keule
mit Baumnadeln und dürrem Preiselbeerlaub,
das an der Schneide des Messers klebte.

Zäh, und wenn schon,
braucht starke Zähne.
Doch der *Geschmack*, Mensch! Karg, trocken,
und dennoch wie gewürzt
mit der wilden Poesie der Wälder:
Kiefernnadeln,
Heidekrautblüten in Spätsommersonne,
nasse Birkenfäuste und Kienholzrauch
und selige Lebensbrunst ...
Die zarten Geschmacksknospen auf deiner Zunge
senden leuchtende Glücksboten an das Hirn,
dein heidnisches Fleischesser-Herz
lacht glückselig in deiner Brust.
Kurz gesagt,
du bist herrlich daheim auf der Erde.

Rätsel

Die großen Rätsel in deinem Leben.
Nicht ein einziges davon hast du gelöst,
nur so lange daran gefummelt, daß
sie nicht mehr steigen können
in freiem Flug.
Sie kriechen blind im Dunkeln herum,
auf dem Bodengrund in dir,
wie große wollige Nachtschwärmer
mit Netzen aus zerrissenem Spinnweb um die Flügel.

In der Wartehalle

Die Dinge wandern durch mich
mit Gesichtern, gestreift von Gleichgültigkeit und Kälte.
Gespräche, leise, in einer Sprache der Stummheit
jenseits aller polternden Worte. Ich sitze hier
in mir verloren wie in
der echovollen Wartehalle auf einem Flugplatz
in fremdem Land. Draußen im Wind
läßt der Pilot die Motoren warmlaufen
für den Flug zu einem unbekannten Ziel.
Ich nehme mein ärmliches Handgepäck
aus fadenscheinigem Glauben, warte darauf,
daß die rote Lampe über
dem Ausgang blinkt.

Spät im September

Der Himmel ist allzu weit und groß
spät im September, das Licht durchdringend
wie Seevogel-Schreie. Du schwindest,
du klammerst dich an dein kleines Leben
wie der Schiffbrüchige an das Floß,
dessen Taue schon von
den Wellen zerrieben werden.

Doch fürchte dich nicht! Du wirst
keineswegs untergehen. Die große Meerströmung
bringt dich nach Westen, zu dem grenzenlosen
Kontinent der Stille. Dort wirst du
zuletzt körperlos an Land gehen,
an Küsten weitab
von Stürmen und Tod.

Singschwäne

Zuinnerst –
hinter all den schönen Worten,
die immer von etwas anderem sprechen –
ist das Gedicht stumm, stumm –
Sie ahnen die gewaltigen
Winterwälder – Schnee
und offene, schwarze Mündungen,
denen die Singschwäne niemals sich nahten.

Was du nie sagen konntest

Was du nie sagen konntest – damit
lebst du. Dein heißes Verlangen
brennt in deinen Händen,
legt einen Lichtkreis um dich,
wo die Gesichter der Dinge nah sind
und zugleich fern – wie sie dort stehen,
in den Augen Rauch von Rodungsbrand
und doch auf einem Stern.

Bergwald

Als es Zeit war,
packte ich den Rucksack
und verfrachtete mein physisches Ich
weg von den Wäldern daheim, doch
mein Sinnen blieb in der Abgeschiedenheit
zurück für immer. Meine Gedichte
haben Wurzeln, die Kraft und Säfte
aus dem mageren Boden des Bergwalds saugen.

Hältst du an einem Sommerabend das Auto an
und steigst aus am wellengeschliffenen Ufer
des Børensees, da sehe ich dich
mit den Augen des Waldsees,
da hörst du mich wispern
mit der leisen Stimme der Wälder.
Ich bin dabei, von der hohen Pracht der Abendhimmel
über dem kurzbeinigen Alltag zu dichten,
ich streiche über die Fülle der Kiefernzweige
mit zarten Fingern aus Wind.

Wie das Meer

Tief in meinem kargen Binnenlandsherzen
dies ferne große Tönen:
wie das Meer,
gehört im armseligen Säuseln
von Riedgras in einem Moor
weit in den Heidehügeln.

Die Mauer
oder Barbarentraum

Ich lebte unter den Bergbewohnern im Norden,
wo das Leben knorrig
und trotzig wie Felskiefern sich im
Steilhang festkrallt.
Ich wußte vieles mit Herz und Leib, aber
wenig bis nichts mit dem Kopf. Ich
dürstete nach Kenntnis und Einsicht;
die Feuerstellen des Wissens spukten in meinen Gedanken
und hielten mich wach in langen Nächten. Zuletzt
hüllte ich mich in mein Wams aus Loden
und zog nach Süden,
durch Flüsse, über Berge, durch Ebenen.
Hatte die Sonne morgens zur Linken
und zur Rechten am Abend.
Ging stets nach Süden. Ging
bis die Mauer mich anhielt:
Turmfalken in der klaren Luft, der Schatten
schlagender Flügel auf der Mauerkrone.
Da stand ich,
ohnmächtig gekettet an meine Schwere.
Den Tempeln des Wissens würde ich mich niemals nähern,
niemals hören
die Weidenflöten der offenkundigen Wahrheit
in den Klostergärten auf dem Berg der Weisen.
Da bückte ich mich,
nahm einen glatten, kleinen Stein
und warf ihn in hohem Bogen

über die Mauer.
Nach China hinein.
Ich hörte den Stein fallen.
Ich hörte den Stein weich fallen
in das Gras von China.

Arktisch

Niemals schmilzt der Schnee
in meinen inneren
arktischen Gebieten:
Fünfzig harte Holzfäller-Winter
brüten wie ein Gletscher
in meiner Brust. Der Sommer
zeigt sich nur in bleichen Polarveilchen
und Singschwänen, die in den Löchern
im Eis übernachten.

Mutter

Da saßest du in einer niedrigen Stube
mitten im Rauhreifwinter,
dicht beim Fenster,
wo Rosen aus Buntpapier leuchteten
im Futter aus zusammengerolltem Nessel
zwischen Außen- und Innenscheiben.
Obwohl verschlissen und rauh von schwerer Arbeit,
waren deine Hände wundersam
rein und vornehm,
wenn sie behutsam die Blätter wendeten in
dem großen Buch.
BIBEL stand auf dem Einband
in verblaßter Goldschrift.
Dann schrie ein Schwein,
dann kochte die Grütze über,
dann plärrte ein Kind vor Hunger.
Da legtest du eine Weihnachtskarte ein als Lesezeichen,
um die rechte Stelle wiederzufinden,
wenn wieder ein wenig Zeit sein würde,
zu Ostern vielleicht.

Halt deinen Sinn weich!

Halt deinen Sinn weich,
sagt eine Stimme im Wind.
Laß ihn nicht von Jahren
und Alter verhärten. Schmier ihn
mit dem gelben Sonnentalg der Tage,
zieh ihn durch Tau in einem Blütenkelch,
gerb ihn in der bitteren Salzlake des Unglücks.
Halt deinen Sinn wach und willig
wie einen Zweig in der Brise:
Ruheplatz für Vögel
mit Schwingen blau von Himmelsduft.

Kreuzschnabel *

Der Winter frißt sich in mich hinein.
In meinem Herzen schneit es.
Aber immer noch leben kleine Sehnsüchte
in der Trostlosigkeit da drinnen.

Mein Herz ist wie ein
Kreuzschnabelnest
voll mit blinden Jungen,
die sich regen und piepen,
die Schnäbel hungrig offen gegen Nordwind
und Schneetreiben.

** Der Kreuzschnabel brütet, wenn bei uns noch tiefer Winter herrscht.*

Glaube

Ob ich an Gott glaube?
Tja, nun ja – auf meine eigene Weise, doch
es ist wohl eher die Frage,
ob Gott an *Mich* glaubt.

Alter Mist stinkt nicht

Alter Mist stinkt nicht.
Da ist der Grund, warum
ich immer noch in verhältnismäßig
frischer Luft atmen kann,
obwohl ich schon 70 Jahre lang lebe.

Spiegel

Der weiß nicht
wie er aussieht,
der nie sich selbst gespiegelt sah
in eines Mitmenschen klaren,
forschenden Augen.

Antwortbrief an einen jungen Dichter

Du fühlst dich unruhig, schreibst du.
Das ist ein gutes Zeichen, Kamerad,
denn bist du ein echter Künstler,
mußt du dich ängstigen.
Bewache deine Sehnsucht,
leide an deinen Worten.
Bete nicht darum zu entkommen!
Lerne zu leben mit diesen
lautlosen Jägerschritten der Unruhe
in deiner Dunkelheit. So daß
die Rehe in dir
vom Nachtlager die Köpfe heben,
zitternd die Ohren gewandt
gegen Wind und Morgenröte.

Alt werden

Alt werden ist grau,
ausweglos und einsam,
ist wie Fuchsräude.
Und das Schlimmste: daß
du es nie schaffst, die längst
überdehnte Nabelschnur zu durchtrennen,
mit der du an deinen jungen Jahren hängst.

Plötzlich siehst du dich
barfuß im Grase hüpfen
und in einem Satz über die munteren
Frühlingsbäche der Kindheit springen,
in Wirklichkeit sitzt du auf einem Stein,
umklammerst die Krücke deines Gehstocks
und fühlst das Reißen
im alten bleischweren Gebein.

Poet und Wald

Wenn der Wald um dich murmelt
und der Abendwind
wispernd
in die fallende Sonne sinkt,
dann ist damit alles gesagt.
Die Worte, mit denen du dich plagst,
klappern in dir
wie unreife Torfbeeren
auf dem Boden der Blechkanne.

Einem interessierten Leser gesagt

Nein, ich schreibe nicht *über* den Wald,
ich bin eins mit dem Wald und der Natur
als ein organischer Teil des Ganzen. Meine Gedichte
wachsen wild aus mir
wie Weidenröschen und Hornklee
aus brachliegenden Äckern,
wo vorher
harte, erdige Hände
Hafer und Kartoffeln
und andere Nutzpflanzen ernteten.
Ich bin ein verlassener Häuslerhof
im Randgebiet des Lebens.

Weidenröschen

Eine alte Feuerstelle im Wald.
Schwarzgebrannt, eine Senke,
bestreut mit dürren Baumnadeln.
Mitten im Brandloch steht ein Stropp
junger Weidenröschen,
pralle Knospen,
die weich im Wind nicken.
Ich klopfe meine Pfeife aus an einem Stein
und bummele weiter auf dem Pfad,
weniger einsam als vorher, getröstet
von dem grünen Gotteswort.
Erinnerung an einen toten Freund
kommt mir plötzlich auf
in dem stummen Klang blauer Stille
über den Höhen im Westen.

Mein Leben

Mein Leben.
Wie der Schatten auf grauem Stein.
Wenn ein Vogel dort sitzt, auf dem Stein,
und im Herbsthimmel nach Fliegen schnappt.

Unter den Worten

Unter den Worten ist Stille, die Worte
fließen auf der Stille
wie Blätter, geweht auf herbstlichen Waldsee,
wo oben am Hang Birken stehen,
die nackten, schwarzen Zweige
in den Himmel geritzt.

Nachwort

Hans Børli wurde 1918 auf dem Hof Børli in Südostnorwegen, nicht weit von der Grenze zu Schweden, geboren. Früher war es nicht selten, daß als Familienname der Name des Hofes gewählt wurde, auf dem man lebte. Børlis Vater hieß Nils Thorkildsen, die Mutter stammte von Børli. Die Großeltern waren dort Häusler gewesen, also Pächter mit der Verpflichtung zur Arbeit auf dem Hof des Grundeigentümers. Der Vater arbeitete als Holzfäller, brachte sich auch das Schmieden bei, mit dem er später einen Teil des Einkommens erzielte.

„Es ist, oder war jedenfalls, nahezu eine Verpflichtung für einen norwegischen Autor", schreibt Børli in einer autobiografischen Erzählung, „eine schwere und unglückliche Kindheit erlebt zu haben. Da kann ich nicht mithalten. Zwar waren wir nicht auf Rosen gebettet, als wir in den harten 20er und 30er Jahren in einer Häuslerstube aufwuchsen, aber wir litten auch nicht direkt Not, weder physisch noch psychisch."

Die Höfe lagen isoliert, bis zum nächsten dicht besiedelten Gebiet waren 20 bis 30 km zurückzulegen. Im Winter war jede Fahrt äußerst mühsam. Die einzige nennenswerte Ablenkung vom täglichen Arbeitsleben war das Bücherlesen. Bücher waren teuer und knapp, man lieh sie sich untereinander aus. Ebenfalls das Licht war teuer und knapp, also blieb die Lesezeit begrenzt. Wie viele lesefreudige Kinder wußte auch Børli sich zu helfen: mit einer Paraffinfunzel, deren Besitz er geheimhielt. Zwölfjährig wurde er mit in den Wald genommen und half beim Sägen. Waldarbeiter blieb er an die 50 Jahre lang. Eine zweite Leidenschaft war das Dichten. Die dritte, das Jagen, gab er unter dem Einfluß seiner Frau bald auf, entwickelte später sogar eine Abneigung dagegen. Anders als Olav H. Hauge, der seinem Broterwerb als Obstbauer gern den Rücken zugekehrt hätte, um sich ganz der Literatur zu widmen, wäre es Børli nicht in den Sinn gekommen, seinen Beruf im Wald aufzugeben, obwohl diese Arbeit „stets auf der untersten Sprosse der sozialen Rangleiter stand“.

„Das Leben in der modernen Gesellschaft wird ständig mehr kollektiv, die Individualität wird ausgelöscht, die Integrität des einzelnen Menschen zerbrochen – das Leben wird zu einer Nachbarschaftshilfe unter der Regie von Behörden und Öffentlichkeit. Zentralisiert, ausgerichtet nach Ost oder West, drängen sich die Menschen in Kollektiven zusammen, finden aber selten zu einem Leben der Gemeinschaft. Die knurrende Wolfseinsamkeit ist böser, gefährlicher als die Einsamkeit, die ein Mensch mit sich selbst draußen in der Natur erleben kann. Die nämlich ist eine gute Einsamkeit, bevölkert von Vögeln und Wind und leisen Gedanken. Der Waldarbeiter hat noch einen Gott in einer sonst gottlosen Welt. Frag nicht, wie dieser Gott aussieht, aber es gibt ihn als eine milde Gegenwart von Stille und Rätseln.“

Im Kollektiv, so Børlis Befund, „geht die persönliche Freiheit, das stärkste Aktivum des Waldlebens, flöten. Nun, das bedeutet den meisten vielleicht nicht so viel – ich bin ein unverbesserlicher Einzelgänger, ich bin bei der Waldarbeit geblieben, weil ich im Wald bis jetzt der ständigen Friktion mit anderen Menschen entkommen konnte.“

Das Ergriffensein von der Natur, als deren Teil er sich fühlt und begreift, hindert ihn auch, in den Bäumen, die er fällt, nur Material, nur einen für den Menschen nützlichen Stoff zu sehen. Was ein nordamerikanischer Indianer, den Børli zitiert, über das Jagen und Töten von Tieren sagt, gilt ihm ebenso für das Fällen von Bäumen: „Ich töte niemals einen Vogel oder auch ein anderes Tier, ohne einen Kummer zu fühlen. Alle wirklichen Jäger haben dieses Gefühl, das sie hindert, aus bloßer Lust zu töten. Es ist keine Freude, ein Leben zu nehmen, und darum legt der große Geist einen Schatten in dein Herz, wenn du eins seiner Geschöpfe zerstörst.“

Hans Børli mahnt in der Fortschrittsbegeisterung der Nachkriegsjahre etwas an, das beinahe ganz verlorengegangen zu sein schien, und das er für sich nur erleben, wahrnehmen konnte im Wald und in der Dichtung. Nicht ohne Humor und Selbstironie, ist Børlis Dichtung ernst, einfach, zuweilen von tiefer Andacht. Seine Skepsis gegenüber Zivilisation und Kultur konnte radikale Züge annehmen, zugleich aber verwahrte er sich gegen die „akademischen Sofaradikalen" der 70er Jahre.

Als junger Mann hatte er gegen die deutschen Besatzer gekämpft, geriet in Gefangenschaft. 1945 erschien sein Debutband, gefolgt von einer Reihe Veröffentlichungen in Vers und Prosa. Insgesamt publizierte er 22 eigenständige Gedichtbände. Er erhielt viele Preise, unter anderem den norwegischen Kritikerpreis und wurde nominiert für den Literaturpreis des Nordischen Rates. Hans Børli starb 1989 in der Gegend, in der er fast sein ganzes Leben verbracht hatte.

Quellen:

Hans Børli selskapet, www.borli.org

Hans Børli, Med øks og lyre, Oslo 1992

Inhaltsverzeichnis